Libro sulla diversità per bambini

Adrian Laurent

Questo libro appartiene a:

Mi chiamo Nina e oggi mi sono sentita diversa. Era il mio primo giorno con gli occhiali. Mi sentivo preoccupata per quello che avrebbe detto la gente a scuola.

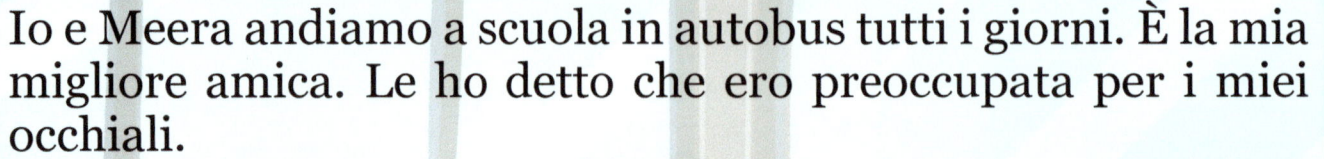

Io e Meera andiamo a scuola in autobus tutti i giorni. È la mia migliore amica. Le ho detto che ero preoccupata per i miei occhiali.

"Non importa il tuo aspetto", disse Meera. "Mi piaci perché mi ascolti e sei divertente. Indossare gli occhiali non cambia nulla di importante. Siamo tutti diversi e va bene così".

Nell'ora di scienze il signor Li ci ha parlato dei sirfidi. Assomigliano alle api per proteggersi dai predatori, ma non possono pungere.

Tommy mi indicò. "Nina sembra un insetto con gli occhiali!". Disse. Mi sentii triste e piansi.

Nell'intervallo giocavamo a calcio. All'improvviso Tommy saltò su e giù, colpendo qualcosa che ronzava nell'aria. "È un'ape!", ha gridato, "Aiuto!".

Con i miei nuovi occhiali ho visto bene e ho gridato a Tommy.
"Va tutto bene, Tommy. È un sirfide. Non può pungere".

Tommy si è rilassato.
"Grazie, Nina", disse Tommy, "sono allergico alle api.
Una volta mi hanno punto e sono stato molto male.
Avevo tanta paura che mi pungessero".

"Oggi in classe abbiamo imparato a conoscere i sirfidi",
dissi, "Va bene, Tom.
Capisco che tu possa avere paura se pensi che sia un'ape".
"Con i suoi nuovi occhiali, Nina sapeva che non era un'ape",
ha detto Meera.

Intorno a noi c'erano molti bambini. Tutti diversi. Eric ha i capelli rossi e le lentiggini. Paul è alto. Abby è bassa. Laura corre veloce. Tim sa fare le capriole. Toby racconta barzellette divertenti. Bambini di tutti i tipi, che dipingono un bel quadro insieme alle loro differenze.

Al mondo ci sono persone di tutti i colori, forme e dimensioni. Ci piacciono cose diverse. Siamo bravi in alcune cose e non bravi in altre. Le nostre differenze rendono la vita migliore. Quando ci ascoltiamo e ci comprendiamo a vicenda, siamo più forti insieme.

Dopo pranzo Anna ci ha parlato della diversità. A turno abbiamo parlato delle nostre famiglie e delle loro origini. Abbiamo cercato online i luoghi da cui provengono le nostre famiglie nel mondo. Abbiamo fatto una passeggiata virtuale lungo una strada dell'India, dell'Africa e del Giappone.

Dopo la scuola io e Tommy siamo andati a giocare a casa di Meera. La sua famiglia viene dall'India e la mamma indossava un bellissimo sari. Abbiamo mangiato un delizioso curry e un gelato al pistacchio. È il mio nuovo gusto preferito!

Non mi preoccupo più di portare gli occhiali. Siamo tutti diversi e questo rende la vita migliore.

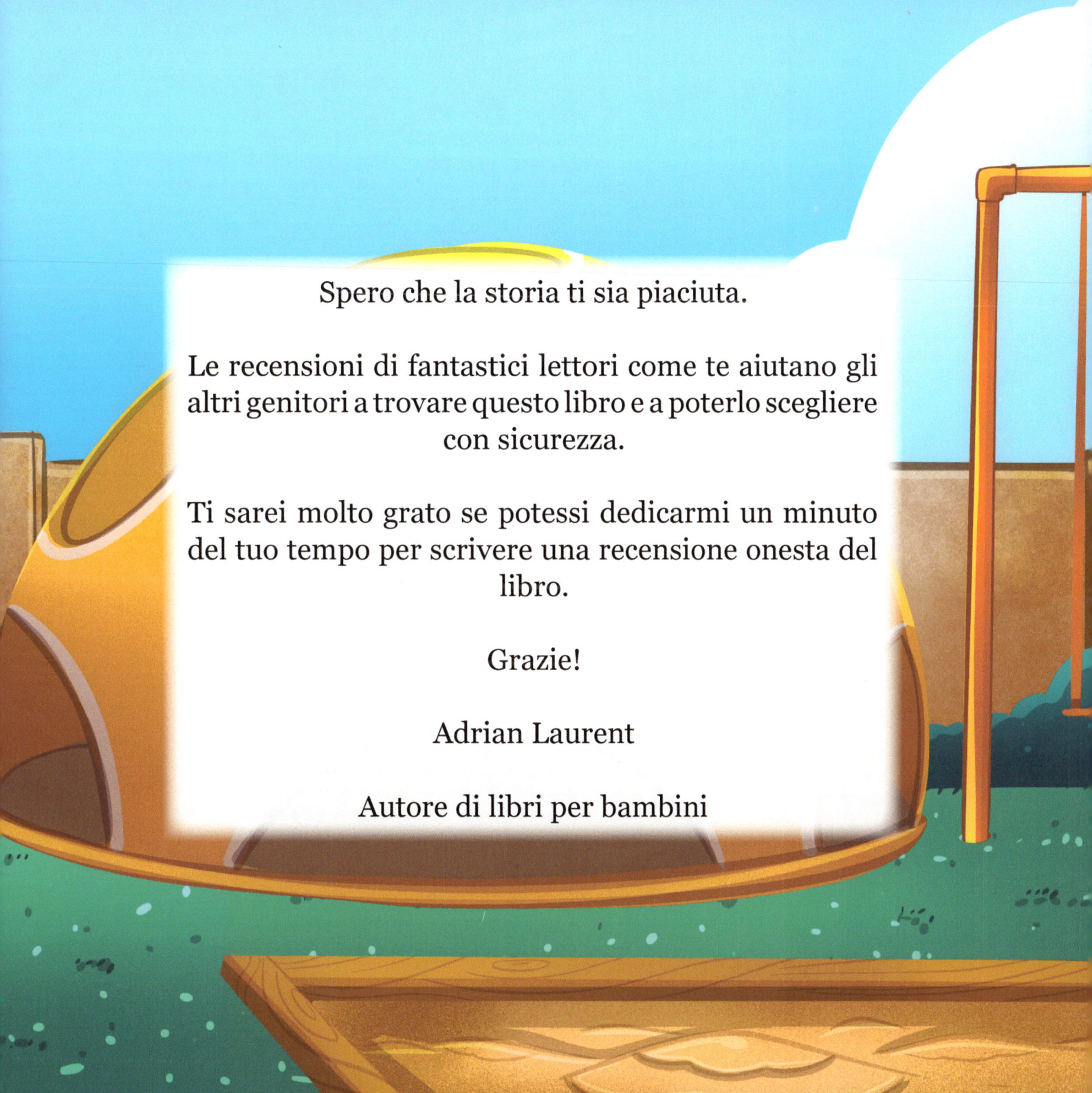

Spero che la storia ti sia piaciuta.

Le recensioni di fantastici lettori come te aiutano gli altri genitori a trovare questo libro e a poterlo scegliere con sicurezza.

Ti sarei molto grato se potessi dedicarmi un minuto del tuo tempo per scrivere una recensione onesta del libro.

Grazie!

Adrian Laurent

Autore di libri per bambini

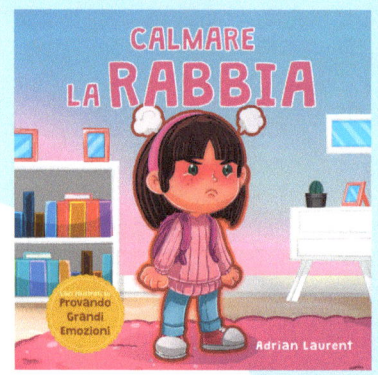

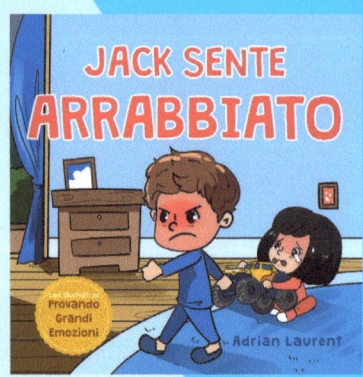

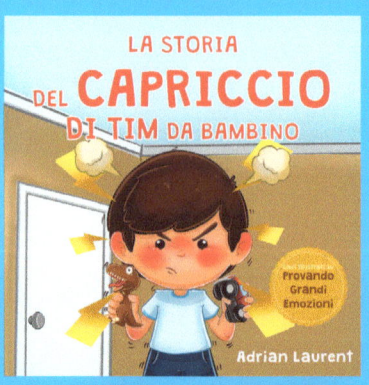

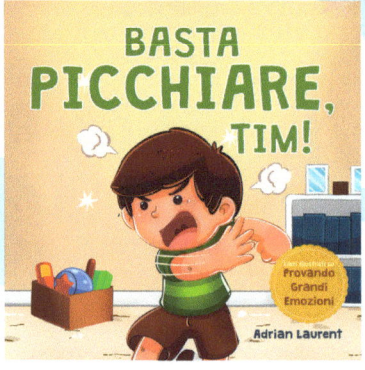

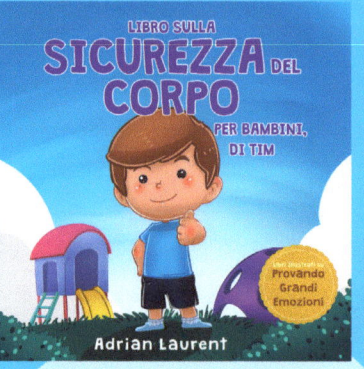

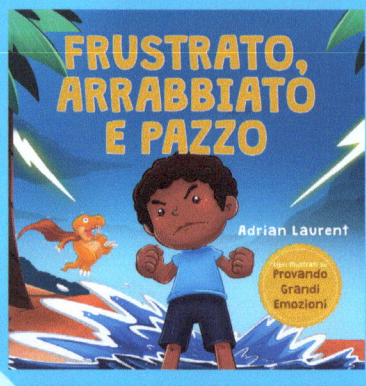

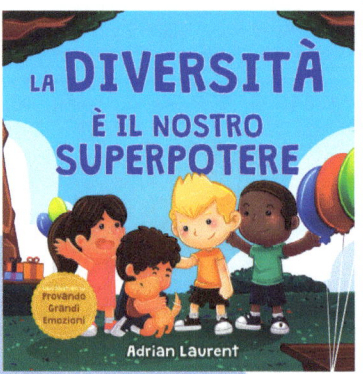

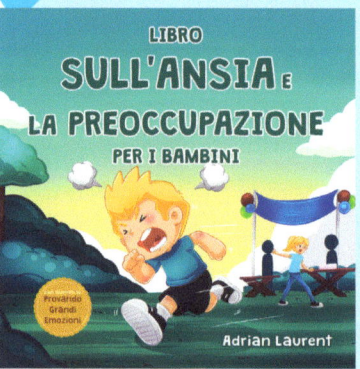

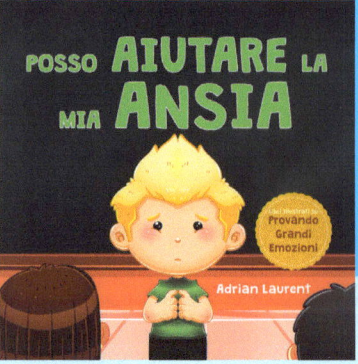

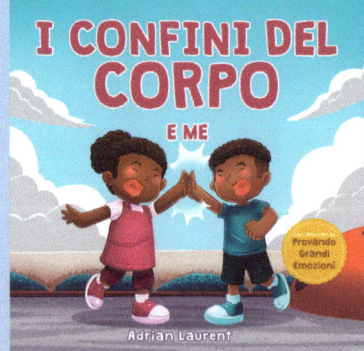

Collezionali tutti

www.ingramcontent.com/pod-product-compliance
Lightning Source LLC
Chambersburg PA
CBHW041601120626
46551CB00002B/280